NATIONAL GEOGRAPHIC

Peldaños

El monte RUSHMORE

MARAVILLAS ESTADOUNIDENSES

Lee para aprender sobre la creación del monumento del monte Rushmore.

¡Bienvenido al monte Rushn

por Debbie Nevins

> El monte Rushmore está iluminado de noche desde mediados de agosto hasta mayo. Se encuentra en las colinas Black en Dakota del Sur.

El hombre del plan

Pocos lugares presentan cabezas gigantes talladas en la roca como el monte Rushmore. Esta escultura, que se encuentra en las colinas Black en Dakota del Sur, muestra las caras de cuatro presidentes de los EE. UU.: George Washington, Thomas Jefferson, Abraham Lincoln y Theodore Roosevelt. Sus imágenes están talladas en la superficie de esta montaña, lo que hace que el monte Rushmore sea una de las esculturas más grandes del mundo. Descubramos cómo estas esculturas gigantes llegaron allí.

En el año 1923, Doane Robinson, de Dakota del Sur, tuvo un sueño. Imaginó un monumento enorme que homenajeara a vaqueros y nativo-americanos que fueron importantes para el Oeste. Y el monumento estaría tallado en una montaña.

∧ Doane Robinson

Robinson era el historiador oficial del estado. Como parte de su trabajo, quería atraer **turistas** a Dakota del Sur. Los turistas traerían dinero al estado. Eso beneficiaría a los habitantes y a los negocios de Dakota del Sur.

Tallar una escultura inmensa en una montaña era un objetivo osado. ¿Cómo haría Robinson para que sucediera?

La búsqueda comienza

Para comenzar, Robinson necesitaba un artista. Gutzon Borglum era un escultor que había tallado montañas. Borglum había comenzado tallando una imagen de los héroes de la Guerra Civil en la montaña Stone, en Georgia. También había creado esculturas de otros héroes estadounidenses. Su escultura de Abraham Lincoln se exhibía en la Casa Blanca.

A Borglum le encantaba la formidable idea de Robinson. Borglum también era un hombre que pensaba en grande. Juntos, los dos soñadores partieron hacia las colinas Black para buscar la montaña perfecta.

∨ Pico Harney

> Gutzon Borglum nació en Idaho en el año 1867. Después de estudiar en Europa, se convirtió en un escultor famoso en los Estados Unidos.

∧ las Agujas

Montañas monumentales

Robinson y Borglum visitaron varios lugares. La primera elección de Robinson fue un lugar con rocas puntiagudas llamadas "las Agujas". También consideraron otras montañas: el monte Baldy, la montaña Sugarloaf y el pico Harney, el punto más alto de Dakota del Sur. Todos esos lugares eran memorables, pero a Borglum no le gustaba ninguno de ellos para su monumento. Pensaba en los efectos de la luz y la sombra. Quería hallar un muro de montaña que diera al Este, para que el sol brillara sobre las esculturas por la mañana. Tendrían que seguir buscando.

El lugar perfecto

Cuando Borglum vio el monte Rushmore, supo que había hallado su montaña. La superficie de granito ofrecía al escultor un amplio espacio de trabajo: unos 400 pies de altura y 500 pies de ancho.

Esta sería la obra maestra de Borglum, que pensó que ese proyecto era digno de una temática más amplia que los héroes del Oeste. Su temática debía ser tan importante como los Estados Unidos mismos. Tallaría a los presidentes estadounidenses más importantes: Washington, Jefferson, Lincoln y Roosevelt. Robinson estuvo de acuerdo, y los hombres procedieron con su nuevo plan.

⌃ En el año 1885, un abogado llamado Charles Rushmore visitó esta montaña. Le preguntó a un residente local el nombre de la montaña. El hombre creía que no tenía nombre, pero sugirió llamarla como Rushmore. El nombre fue un éxito.

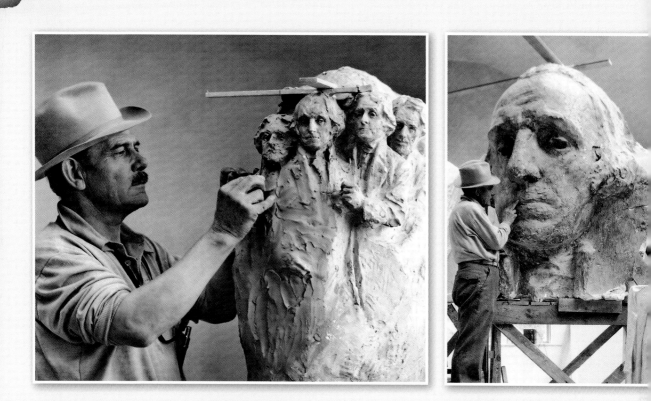

Borglum estudió retratos y descripciones escritas de los
presidentes para hacer sus modelos a escala.

Primero, Borglum tuvo que obtener el permiso del gobierno estatal para tallar la
montaña. Su equipo también tuvo que recaudar dinero para pagar la talla, pero eso no
salió muy bien. Entonces, el presidente Calvin Coolidge prometió que el gobierno de los
Estados Unidos financiaría el proyecto. ¡Había que avanzar a toda velocidad!

Borglum hizo dibujos y construyó **modelos a escala**. Crear estas esculturas más
pequeñas lo ayudó a ver defectos antes de ensayar el proyecto final. Pero Borglum
no podía tallar la montaña real sin ayuda. Necesitaba trabajadores que estuvieran
dispuestos a colgarse de acantilados en condiciones peligrosas. Durante gran parte del
tallado del monte Rushmore, muchas personas no tenían trabajo en los Estados Unidos.
Por lo tanto, no fue difícil hallar a cientos de hombres que estuvieran dispuestos a
escalar el monte Rushmore para hacer el trabajo y ganarse un sueldo.

El tallado de una montaña

Borglum y su equipo tenían que tallar esos enormes rostros en la roca sin la ayuda de computadoras o herramientas de alta tecnología. Eso sería un desafío.

Primero, los trabajadores tomaron medidas del acantilado de la montaña. Luego, Borglum construyó un modelo a escala mayor que era 12 veces más pequeño que lo que sería el proyecto final. Una pulgada del modelo a escala de Borglum equivalía a un pie en la montaña. Para transferir el diseño a la montaña, Borglum inventó una máquina que señalaba los lugares que debían tallarse. Los trabajadores luego marcaban esos lugares con pintura roja.

Después, comenzaron a hacer estallar la roca para hacer las formas de los rostros en bruto. Para quitar la roca, usaron **dinamita**, o barras que explotan cuando se las enciende. Antes de cada estallido, todos tenían que bajar de la montaña, y después de la explosión debían subir de nuevo 700 escalones.

Borglum y sus trabajadores terminaron la forma en bruto de la escultura de George Washington en el año 1927.

Los trabajadores tallan la cabeza de Lincoln en bruto. Las cuadrillas trabajaron en equipos de 30 hombres. En cada equipo había talladores, taladradores y operarios de máquinas.

Los trabajadores pasaron mucho tiempo mejorando el monumento después de los estallidos. Se esforzaron mucho para socavar la roca que no pudieron hacer estallar. También pulieron los rostros de roca de los presidentes.

Todo está en los detalles

Después de los estallidos, los trabajadores quitaron más roca con taladros para posicionar los rasgos de los presidentes y agregar detalles a las esculturas. Luego pulieron y suavizaron los rostros. La cuadrilla tuvo que quitar la roca a mano de cada pulgada de la cabeza de los presidentes. Resultó ser una tarea enorme y agotadora. El rostro de Washington, solamente, medía 60 pies de la parte superior a la inferior. La cuadrilla trabajó bajo un calor y frío intensos. Tuvieron que pender de cables delgados a cientos de pies del suelo y usar herramientas pesadas y poderosas. Algunos trabajadores no pudieron resistir las duras condiciones, pero muchos permanecieron hasta el final. Ningún trabajador murió durante este trabajo peligroso.

Borglum no vivió para ver su obra maestra terminada. Su hijo, Lincoln Borglum, continuó con el trabajo. En el año 1941, después de $1 millón de dólares en gastos y 14 años de arduo trabajo, el sueño de Robinson se hizo realidad. En la actualidad, más de dos millones de turistas visitan el monte Rushmore cada año. Es la mayor atracción turística de Dakota del Sur.

Borglum (derecha) supervisa a un equipo de escultores que pulen el monumento con máquinas lijadoras.

 Compruébalo ¿Por qué Borglum rechazó los primeros sitios que Robinson le mostró en Dakota del Sur? ¿Por qué eligieron el monte Rushmore para su escultura?

LOS ROSTROS

EN LA MONTAÑA

por David Holford

Fue difícil decidir cómo tallar rostros gigantes en el monte Rushmore. Pero una decisión más importante a la que se enfrentaron Robinson y su equipo fue qué cuatro rostros históricos tallar. Al comienzo, consideraron a los héroes del Oeste estadounidense. Pero cuando contrataron a Gutzon Borglum como escultor, este ya había tomado la decisión. Tallaría la imagen de cuatro grandes presidentes.

⌄ Una foto reciente muestra la vista del monte Rushmore desde la base del monumento.

George Washington

George Washington es conocido como el padre de nuestro país.

Washington comenzó su carrera luchando en una guerra contra los franceses. Más tarde, condujo al ejército colonial en la Guerra de Independencia. Ayudó a obtener la independencia estadounidense de Gran Bretaña. En el año 1789, se convirtió en el primer presidente de los Estados Unidos. Eligió el sitio de la capital de nuestra nación y restableció la paz con Gran Bretaña. Para honrar el papel de Washington en la fundación de la nación, Borglum lo puso en la parte delantera del monumento. Su imagen resalta por sobre las demás.

Esta pintura famosa de Emanuel Gottlieb Leutze muestra a George Washington cruzando el río Delaware.

Thomas Jefferson

EXPANSIÓN DE NUESTRA NACIÓN

Luego viene Thomas Jefferson, que también participó en el nacimiento de la nación. En el año 1776, escribió la Declaración de Independencia, en la que se declara al rey británico que las colonias lucharían por su libertad. Para Borglum, Jefferson se ganó su lugar en el monte Rushmore como símbolo de la **expansión**, o crecimiento, de nuestra nación.

Como tercer presidente, Jefferson compró el territorio de Luisiana a Francia en el año 1803. La compra de Luisiana duplicó el tamaño de los Estados Unidos. Incluía el territorio que ahora conforma Dakota del Sur y todo o parte de 14 estados. Por lo tanto, si no fuera por Jefferson, no habría Dakota del Sur o Monumento Nacional Monte Rushmore.

Abraham Lincoln

Se eligió a Abraham Lincoln como símbolo de una nación unida. En el año 1861, se desató gran desacuerdo con respecto a los derechos de los estados y la esclavitud entre el Norte y el Sur. Muchas personas del Sur tenían esclavos y muchos norteños querían que se terminara con la esclavitud. Los estados sureños formaron su propio país. Pronto, comenzó una guerra civil entre el Norte y el Sur. Lincoln trabajó acertadamente para terminar la guerra y **preservar** la nación.

Borglum había planeado tallar la historia de los Estados Unidos en una tableta junto a los rostros. La tableta habría tenido la forma del territorio que los Estados Unidos obtuvieron con la compra de Luisiana.

Lincoln posa con dos de sus hombres después de una batalla en Maryland.

Theodore Roosevelt

Finalmente, se eligió a Theodore Roosevelt como símbolo del crecimiento de los Estados Unidos como líder mundial. A comienzos del siglo XX, Roosevelt fue el abanderado de la construcción del Canal de Panamá, que permitió que los barcos pasaran rápidamente del océano Atlántico al Pacífico. También ayudó a que los Estados Unidos comerciaran con países de todo el mundo.

Roosevelt trabajó mucho para proteger y preservar los sitios más bellos de la nación. Reservó tierras para parques, bosques y monumentos nacionales. En la actualidad, el monte Rushmore es parte del sistema de parques nacionales que Roosevelt creó.

A Teddy Roosevelt le encantaba la naturaleza. Aquí cabalga por el Parque Nacional Yellowstone.

¿Un rostro más?

DR. MARTIN LUTHER KING, JR.

SUSAN B. ANTHONY

ROSA PARKS

AMELIA EARHART

NEIL ARMSTRONG

Mientras Borglum trabajaba, algunos pedían una quinta escultura. Querían honrar a Susan B. Anthony por su lucha por el **sufragio**, o derecho a votar, de las mujeres. El congreso incluso aprobó una ley para incluirla. Sin embargo, no había dinero suficiente para realizar este trabajo.

A través de los años, se ha sugerido que otros estadounidenses importantes se agreguen al monumento histórico. Algunos quieren incluir al Dr. Martin Luther King, Jr o a Rosa Parks por su labor para otorgar los mismos derechos a todos los estadounidenses. Otros querían honrar a los pioneros estadounidenses. ¿Debíamos agregar a Amelia Earhart, la primera piloto mujer que volara a través del océano Atlántico?, ¿o a Neil Armstrong, el primer astronauta qué pisó la Luna? Si pudieras elegir, ¿a quién agregarías al monte Rushmore?

Compruébalo Elige una de las figuras del monte Rushmore y explica cómo y por qué fue seleccionada para el monumento.

Lee para descubrir cómo la dinamita tuvo un papel importante en el crecimiento de los Estados Unidos.

ABRIRSE PASO CON ESTALLIDOS

por Jennifer A. Smith

La creación del monte Rushmore implicó volar 450,000 toneladas de roca.

¡BUM!

¡Las rocas volaron por todos lados! Pero los trabajadores tenían todo bajo control en el monte Rushmore. Volaban la roca para crear arte.

La mayoría de los escultores usan herramientas pequeñas para tallar la roca, pero los escultores usaron dinamita en el monte Rushmore para volar la roca. Luego, usaron **martillos neumáticos** para taladrar una serie de agujeros y romper la roca. Finalmente, la suavizaron hasta que los rasgos de cada rostro quedaran bien. Sin la dinamita, habría sido extremadamente difícil tallar los rostros.

El químico sueco Alfred Nobel inventó la dinamita en el año 1867. Había trabajado con diferentes **explosivos** antes de eso, y sabía lo peligroso que podía ser. Su hermano había muerto en una explosión. Nobel creó un explosivo más seguro, al que llamó dinamita. Usar la dinamita también era más fácil que usar otros explosivos.

El invento de Nobel apareció en el momento indicado. A mediados del siglo XIX, los Estados Unidos crecían. Ferrocarriles, túneles y **canales**, o vías navegables, se construían para transportar personas y mercancías. En cada proyecto, los trabajadores debían volar grandes cantidades de roca. La dinamita podía volar rápidamente grandes cantidades de roca pesada, pero, ¿quién habría pensado que algo tan destructivo como la dinamita se usaría para crear el monte Rushmore?

Este trabajador lleva muchos explosivos. Era más seguro manipular dinamita que los explosivos que se habían estado usando.

Para construir el canal de Panamá se usaron 60 millones de libras de dinamita.

El Canal de Panamá es una ruta de 40 millas entre los océanos Atlántico y Pacífico. Los trabajadores se enfrentaron a muchos peligros mientras construían el canal.

Más de 30 barcos pasan a través del Canal de Panamá cada día.

CONECTAR LOS OCÉANOS

Además del monte Rushmore, la dinamita también ayudó a los constructores estadounidenses a crear muchos otros grandes proyectos nuevos.

Cuando la dinamita se inventó, los capitanes de barcos buscaban un atajo. Navegar desde Nueva York, rodeando Sudamérica, hasta California tomaba mucho tiempo. Los capitanes de barcos querían tomar un atajo por Centroamérica para acortar su viaje.

En el año 1881, una compañía francesa intentó construir lo que luego se llamaría Canal de Panamá. El canal conectaría el océano Atlántico y el océano Pacífico a través de Centroamérica, y ahorraría semanas de navegación entre el Este y el Oeste.

Sin embargo, la compañía que construía el canal tuvo problemas. Sus equipos no funcionaban bien, y muchos trabajadores contraían enfermedades tropicales. El plan mismo era defectuoso, y el intento de construir el canal falló.

En el año 1904, los Estados Unidos asumieron el proyecto y lograron completar el canal en el año 1914. ¿Cómo lo hicieron? Con dinamita. Se necesitaron más de 60 millones de libras de dinamita para cincelar la tierra donde se construyó el canal.

> Este es un detonador. Permite a los trabajadores hacer explotar la dinamita desde cierta distancia. Cuando se empuja hacia abajo la barra de la parte superior de este detonador, se envía una carga eléctrica a la dinamita. La carga detona los explosivos que hay en las barras de dinamita.

21

CAVAR EL DOBLE

La dinamita ayuda a construir túneles y canales. En la actualidad, gracias a la dinamita, un tren puede viajar a través de una montaña. Eso es mucho más rápido que rodearla o pasar sobre ella.

En la década de 1850, las personas querían poder transportar productos a través de las montañas Blue Ridge en el Este, hasta los estados del Oeste. Para hacerlo, debían construir un ferrocarril a través de las montañas. La dinamita aún no se había inventado, por lo tanto, el túnel original de Blue Ridge en Virginia se taladró y voló a mano. Los trabajadores usaron taladros de mano, picos y un explosivo peligroso llamado "pólvora". Solo podían cavar un par de pies por día. Terminar de cavar el túnel tomó aproximadamente seis años. Cuando se terminó, el túnel de Blue Ridge era el túnel ferroviario más largo de los Estados Unidos. Medía más de 4,200 pies de largo.

La dinamita ayudó a los trabajadores a construir túneles más rápido. En el año 1874, los trabajadores comenzaron a construir el circuito Tehachapi, que era parte de una línea ferroviaria que conectaba el área de la bahía de San Francisco con el sur de California. Usando la dinamita, los trabajadores construyeron 18 túneles a través de las montañas Tehachapi en casi dos años.

> La dinamita vuela la roca para hacer un ferrocarril en Deadwood, Dakota del Sur.

> Nobel llamó así a la dinamita por la palabra griega *dynamis*. Esta palabra significa "poder".

Todos los días unos 40 trenes pasan a través de los 18 túneles que componen el circuito Tehachapi.

Compruébalo ¿Cómo se usó la dinamita para tallar los rostros de los presidentes en el monumento del monte Rushmore?

GÉNERO Artículo de opinión

Lee para descubrir dos vistas sobre la ubicación y el significado simbólico del monte Rushmore.

¿MONTE RUSHMORE

O

Seis Abuelos?

por Debbie Nevins

El monte Rushmore se llama así por un joven abogado llamado Charles Edward Rushmore. Muchos colonos blancos creían que la montaña no tenía otro nombre. Pero los grupos nativo-americanos que vivían en el área tenían otro nombre para la montaña. El pueblo lakota, parte de una gran nación conocida como los sioux, llamaba a la montaña "Seis Abuelos". Era una parte importante de su historia y herencia. Los nativo-americanos consideraban **sagradas**, o importantes para su religión, a las colinas Black. Realizaban ceremonias espirituales allí. Las montañas también eran parte de su patria.

Muchos nativo-americanos se enojaron cuando Borglum talló los rostros de los presidentes estadounidenses en Seis Abuelos. Unos años antes, colonos y soldados estadounidenses les habían quitado sus tierras sagradas y los habían obligado a mudarse a áreas llamadas reservas. Y ahora, el gobierno de los EE. UU. había arruinado la tierra que solían llamar hogar.

La mayoría de los ciudadanos estadounidenses consideran al monte Rushmore como un **símbolo** de orgullo de una gran nación. Sin embargo, muchos nativo-americanos lo consideran un símbolo de la destrucción y la falta de respeto hacia su cultura.

Un hombre posa en una colina pequeña cerca de un asentamiento lakota en Dakota del Sur en el año 1891.

ESTA TIERRA ES MI TIERRA

¿Cómo es que un grupo le quita la tierra a otro? El pueblo lakota había vivido en las colinas Black durante siglos antes de que llegaran los europeos. A medida que más europeos invadían su tierra, los lakota los atacaban. En el año 1868, el gobierno de los EE. UU. firmó un **tratado**, o acuerdo. El tratado prometía las colinas Black a los lakota para siempre, pero apenas unos años después, los mineros encontraron oro en las colinas. Los Estados Unidos le dieron marcha atrás a su promesa y expulsaron a los lakota de las colinas Black.

▽ Esta pintura muestra la Batalla de Little Bighorn. Esta batalla aconteció en el año 1876. Los héroes lakota Toro Sentado y Caballo Loco vencieron a las tropas de los EE. UU. conducidas por George Armstrong Custer. Fue una de muchas batallas entre los lakota y las tropas de los EE. UU.

Los lakota lucharon para conservar su patria. Pero los nativo-americanos no igualaban al ejército de los EE. UU. En el año 1877, se obligó a los lakota a que abandonaran su tierra.

En el año 1980, la Corte Suprema de los EE. UU. estuvo de acuerdo con que a los lakota se les había quitado la tierra de manera injusta. La corte concedió al pueblo lakota $106 millones, pero no les devolvió la tierra. Los lakota nunca cobraron su dinero. Quieren lo que es legítimamente de ellos: las colinas Black. A través de los años, los lakota han llevado a cabo varias protestas en el monte Rushmore. Les dicen a los turistas que nunca aceptarán el dinero porque "¡las colinas Black no están en venta!".

Indígenas nativo-americanos protestan para dejar en claro que no venderán su tierra.

¿QUÉ OPINAS?

Las batallas por las colinas Black sucedieron hace mucho, pero el conflicto por la tierra aún subsiste. Mientras tanto, los nativo-americanos y el gobierno de los EE. UU. han intentado ayudar a mejorar la situación.

Construyamos nuestro propio monumento

En el año 1939, el jefe Henry Oso Sentado contrató a un escultor para honrar al héroe lakota Caballo Loco. Sería un monumento de montaña incluso más grande que el monte Rushmore. El proyecto de Caballo Loco comenzó en el año 1948, pero ha avanzado lentamente. Es difícil tallar la roca de granito, y los organizadores rechazan el dinero del gobierno. Lo que llaman "la talla de montaña más grande en proceso", está lejos de completarse.

Comenzar a curarse

En el año 2004, Gerard Baker se convirtió en el primer nativo-americano superintendente del Monumento Nacional Monte Rushmore. Quería unir las culturas nativo-americana y estadounidense de una manera respetuosa, así que les pidió consejos a los **ancianos tribales**. Gracias a sus esfuerzos, el parque incluye actualmente la Aldea de la Herencia, donde los nativo-americanos les enseñan a los turistas sobre el modo de vida de los lakota.

"Promovemos todas las culturas de los Estados Unidos", dice Baker. "De eso se trata este lugar. ¡Este es el monte Rushmore! ¡Son los Estados Unidos! Todos somos algo diferente aquí; todos somos diferentes. Y quizá eso haga que hablemos de nuevo como seres humanos, como estadounidenses".

El rostro de Caballo Loco mide 87 pies de alto. Cuando el monumento esté terminado, Caballo Loco medirá 563 pies de alto. Casi dos veces más alto que la Estatua de la Libertad.

Gerard Baker posa delante del monte Rushmore. Ha trabajado en muchos parques nacionales. Cree que los parques son importantes, ya que demuestran cómo las personas pueden compartir y disfrutar de la misma tierra pacíficamente.

Compruébalo ¿Por qué los nativo-americanos han estado descontentos en relación con el monte Rushmore?

¡RUSHMORE ES GENIAL!

por Jennifer A. Smith

El monte Rushmore es un símbolo importante de los Estados Unidos. Con frecuencia, se lo ve en objetos de nuestra **cultura popular**. La cultura popular, o "pop", incluye películas, programas de televisión y otras cosas que son populares. Estas son algunas de las maneras en las que el monte Rushmore ha aparecido en la cultura popular.

∨ Pisapapeles y camisetas; los visitantes suelen llevarse a casa **recuerdos** de su visita al monte Rushmore.

METRO-GOLDWYN-MAYER presents

CARY GRANT
EVA MARIE SAINT
JAMES MASON

IN ALFRED HITCHCOCK'S

NORTH BY NORTHWEST

VISTAVISION · TECHNICOLOR

ONLY CARY GRANT AND ALFRED HITCHCOCK EVER GAVE YOU SO   MUCH SUSPENSE IN SO MANY DIRECTIONS

JESSIE ROYCE LANDIS · ERNEST LEHMAN · ALFRED HITCHCOCK

∧ La película *Intriga internacional* mostraba el monte Rushmore en una escena de persecución. La persecución no era realmente en el monte Rushmore. Era en un escenario que simulaba la escultura.

30

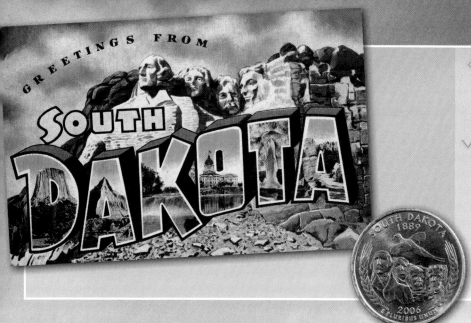

Los visitantes del parque envían tarjetas postales como esta a familiares y amigos.

Los Estados Unidos produce una moneda de 25 centavos oficial de cada estado. ¡Adivina quién apareció en la moneda de 25 centavos de Dakota del Sur del 2006!

El monte Rushmore es el modelo de LEGO más grande en el PARQUE LEGOLAND, en Dinamarca. Para hacer esta versión del monumento se requirieron aproximadamente 1.5 millones de bloques LEGO y 40,000 bloques DUPLO.

Un artista de Los Ángeles, California, pintó un mural del monte Rushmore para el Cuatro de Julio. ¿Qué mejor manera de celebrar el Día de la Independencia que mostrar un monumento que presenta a dos de los fundadores de nuestra nación?

Compruébalo   ¿Cómo se ha convertido el monte Rushmore en una parte importante de la cultura popular estadounidense?

Comenta

1. ¿Qué conexiones puedes hacer entre los cinco artículos de este libro? ¿Cómo se relacionan los artículos?

2. Describe dos cosas importantes que hayas aprendido sobre el proceso en el que se creó el monumento del monte Rushmore.

3. ¿Qué opinas sobre la decisión de Borglum de cambiar la temática del monumento de los héroes del Oeste a los presidentes de los Estados Unidos?

4. Considera los problemas que rodean al Monumento Monte Rushmore, que se encuentra en la tierra tradicional lakota. ¿Qué opinas sobre la ubicación de este monumento?

5. ¿Qué más te gustaría saber sobre el monte Rushmore?